Dejar. Amar. Hablar

Libro 1

Dejar. Amar. Hablar
Libro 1
María Velazco

Copyright © 2018 por Cosmic Love

Todos los derechos reservados. Ninguna parte de esta publicación puede reproducirse total o parcialmente, ni almacenarse en un sistema de recuperación, ni transmitirse de ninguna forma ni por ningún medio, ya sea electrónico, mecánico, fotocopiado, grabado o de otro modo, sin el permiso por escrito del editor, excepto por el uso de citas breves en una reseña de un libro o revista académica.

Primera impresión: 2018
ISBN-13: 978-1-7324923-4-9
Cosmic Love
Long Beach, California

Diseño de portada por Julia O. Bianco
Foto de portada por María Velazco
Foto posterior por Charlie Esquivias

Dedicatoria

Este libro es un sueño en la fabricación, todo comenzó con la idea de compartir las palabras que se agitaban dentro de mí que querían vivir en el exterior. Empecé un blog con esa misma intención; no concebí que sería lo que ahora ve. Estoy agradecida por las bendiciones de la fe ciega; dando un paso a la vez, sin saber lo que venía. Estoy agradecida por las oraciones que trajeron esto adelante y por el tiempo en esta tierra. Ha llegado el momento, está aquí para usted, bendiciones divinos/as.

Dedico este libro a mis hermanos y hermanas del alma, especialmente a mis hermanos de sangre. Crean en ustedes mismos, trabajen diligentemente, comprométanse, y lo lograrán. He creado esto con la conciencia de que no podía pedir de ustedes algo que yo misma no haría. Aquí está, ahora vallan, ¡crean sus sueños!

¡Gracias, creador de sueños!

Una nota para el lector: los títulos de este libro vienen seguidos de la fecha (año / mes / día) y la hora en que se publicaron por primera vez en línea.

Este libro ha sido traducido al español del original escrito en inglés.

Contenido

Equipo de ensueño - 1

Una historia - 1

La cama de la muerte - 1

Vive o muere - 2

El valor no tiene armadura - 2

Mantenga el amor cerca - 3

Bendito - 3

En las alas de las mariposas - 4

Luz de guía - 4

Habla desde la luz - 4

Parte 1-Rezo - 5

Parte 2-Rezo - 5

Cuando ella se enamora - 5

La muerte es una palabra - 6

Volé - 6

Ya no en la cama - 6

Ladrón de tiempo - 7

El camino dorado - 7

Alrededor del mundo - 7

Mujer de bienaventuranza - 8

Mi refugio - 8

Creciendo - 8

Para mis manos - 9

Nada que ocultar - 9

¿Era mío? - 9

En magnificencia - 10

Moverse al ritmo - 10

Algún día en mayo - 11

Un río - 11

Sanando Verdad - 12

Tiempo ahora - 12

Verdad encontrada - 12

Tratando demasiado duro- 13

Tiempo del espacio - 13

Evolucionar - 13

Belleza floreciente - 13

Sabiduría reavivada - 14

Gotas de lluvia - 14

Las sombras - 14

¿Qué queda? - 15

El acertijo de la flor morada - 15

La lengua - 16

La verdad es fuerte - 16

El tiempo del reloj - 17

Viaje ligero - 17

Volando pronto Parte 1 - 18

Volando pronto Parte 2 - 18

Para mis hermanos - 19

Llegando - 19

El río - 20

Flujo de energía - 20

Querida hermana - 21

Lluvia - 22

Luz - 22

Baile - 23

Honesto - 23

El círculo - 24

Véame - 24

A un árbol - 25

Poema de amor - 25

El ciclo - 26

Innumerables - 27

El amor es ... - 28

Enojado - 28

Llena - 29

La luz en mí - 29

Dentro de mí - 30

Sigo caminando - 31

La locura es ... - 32

Lo suficientemente fuerte - 33

Ella es hermosa - 34

De todas las cosas - 34

Mis cadenas - 35

Estoy lista - 35

Bendiciones - 36

Hojas de otoño - 36

Ser - 37

Silencio - 37

Volteado - 38

Comida - 38

Destellos - 38

Pensamiento perdido - 39

Llamas - 39

El presente - 40

Es con mi corazón - 40

Enfoque - 40

Juntos - 41

Anticuada - 41

Tu llave mágica - 42

Inmóvil - 42

El lado oscuro - 43

La temporada - 43

El templo - 44

Árbol de la alegría - 44

Vivir o temer - 45

Vivo - 45

Estoy aquí - 45

Aleteando a través - 46

Floreciendo - 48

Magia - 50

¿Que ves? - 51

Dormir - 51

Segundos - 52

¿Qué es libertad? - 53

Frío - 54

Durmiente - 54

Elixir divino - 55

Ciega - 56

Equipo de ensueño - 2017-01-03 20:44

Estoy tejiendo mi sueño
Porque la vida es suprema
Ángeles en mi equipo
En el amor yo brillo

Una historia - 2017-01-07 22:13

Historias de la mente
no los deje confinar
Historias del corazón
esos son arte

La cama de la muerte - 2017-01-15 20:10

La muerte es una mentira
ante su ojo
La muerte no se acuesta
donde usted se acuesta

Vive o muere - 2017-01-17 22:03

Uno puede morir en un abrir y cerrar de ojos
Oh, pero ¿por qué lloramos?
¿Es pérdida? ¿Tal vez arrepentimiento?
Muchas necesidades nunca se conocieron
Pero no olvidemos
Lo peor es la negligencia
Una vida descuidada nunca vivída

El valor no tiene armadura - 2017-01-20 21:36

No tengo nada que defender
no necesito fingir
el miedo es una bestia
el valor no tiene armadura
el amor me libera
Vivo en libertad

Mantenga el amor cerca - 2017-01-24 21:19

El miedo le roba lo que hay aquí
El miedo roba lo que es preciado
¡Miedo, te desaparezco de aquí!
Voy a mantener el amor querido
para mantener el miedo lejos de aquí

Bendito - 2017-01-26 20:49

Tengo la bendición de haber vivido, aunque solo sea por un día, bajo la lluvia.

Tengo la bendición de haber sido agraciada, por el abrazo, del amor.

Tengo la bendición de haber sentido los rayos, tan tiernamente en mi rostro, del sol.

En las alas de las mariposas - 2017-02-01 22:14

Oraciones en las alas de las mariposas
Silencio en el aire del desierto
Sueños en estrellas relucientes
Destino en el corazón del niño

Luz de guía - 2017-02-02 22:08

Alabo la luz en mi vida, mi vida es lo que alabo.
Los sueños que tengo, nunca se han dicho.
Confiar en mi corazón, ese es mi arte.

Habla desde la luz - 2017-02-04 21:58

Ciegos de lo divino son aquellos que buscan dividirse.
Poco amable y en un aprieto son aquellos que hablan desde la mente.
Despiertos y divinos son los que se unen.
Amables y libres son los que hablan de la luz.

Parte 1-Rezo - 2017-02-07 20:35

A la luz que guía mi día, rezo.
Para la vida que da, rezo.
A la verdad de todos,
y al tiempo de todos,
rezo.

Parte 2-Rezo - 2017-02-08 22:47

En lo que corro y juego, no me dejes
alejarme.
Para que siga siendo fiel a mi corazón,
para que pueda escuchar tus susurros,
en lo que vivo esta vida,
y mientras ore, sé que todo estará bien.

Cuando ella se enamora - 2017-02-09
21:33

Cuando ella se enamore con el arte de su
corazón.
Muchas montañas separará.
Cuando se enamore con el aliento de sus
labios.
El mundo estará en sus dedos.

La muerte es una palabra - 2017-02-10 22:29

La muerte es la voz que te dice que eres inútil
La muerte es el momento en que renuncias a tus sueños
La muerte es amor no compartido
Muerte...
La muerte es una palabra no hablada

Volé - 2017-02-17 22:08

¿Qué hice para ser azul?
Oh, pensé en cosas que no son verdad
Pero luego pensé en ti
¡Y mi corazón voló!

Ya no en la cama - 2017-02-19 22:38

Azul es el cielo ante mi ojo.
Verde, no es avaricia, es un árbol.
Amarillo, algo suave.
Rojo, ya no en la cama, nada que temer.

Ladrón de tiempo - 2017-02-22 22:04

Ladrón de tiempo, ladrón de corazón.
Ladrón de momentos, no deseo
separarme.
¿Es inteligente romper un corazón?
¿O es arte saber cómo partir?

El camino dorado - 2017-02-23 22:04

El camino del guerrero de luz es disipar
la oscuridad en todas circunstancias-
pero sin renunciar a su oro.
Para honrar el poder de la luz, hablando
la verdad.
Y estar alineado con el corazón,
mientras aplica el poder de la mente.

Alrededor del mundo - 2017-03-03 21:41

Mi alma ha estado alrededor del mundo
más veces de lo que sé.

Pero, lo que mis ojos contemplan, mi
corazón predijo.

Mujer de bienaventuranza - 2017-03-08 22:30

Mujer divina, mujer sublime, eres arte.
Mujer de arte, mujer de corazón, eres bienaventuranza.
Mujer de felicidad, mujer de brillo, ¡eres libre!

Mi refugio - 2017-03-18 22:41

Mi corazón, mi refugio.
La luz, mi guía.
La oscuridad, mi equilibrio.
La vida, mi escuela.

Creciendo - 2017-03-24 21:47

Yo era una maravilla en su ojo
Hasta que llegué a ser
Pero por desgracia ella no podía ver
Que con el tiempo volaría

Para mis manos - 2017-03-26 21:43

Lo que ha venido ha sido
Lo que será ha sido
Este momento-predicho
Para que mis manos sostengan

Nada que ocultar - 2017-03-28 21:25

El cuerpo no esconde, lo que la mente
trata de negar.
El corazón siempre sabrá lo que siembra
nuestras acciones.
Las palabras que hablamos, mañana
serán.

¿Era mío? - 2017-03-29 22:10

Sin rastro de pensamiento
Sin rastro de tiempo
¿Cómo podríamos pensar que fue 'mío'?
Qué placer buscamos, se pierde en la
rima

En magnificencia - 2017-03-30 21:39

En tiempos de silencio
eres divina
En tiempos difíciles
eres divina
En turbulencia
Magnificencia
En diligencia
Trascendencia

Moverse al ritmo - 2017-03-31 21:27

Camina por el camino hasta que prevalezcas.
Nada en la orilla hasta que estés restaurada.
Baila al ritmo hasta que hayas perdonado.
Canta la canción hasta que te sientas fuerte.

Algún día en mayo - 2017-04-06 21:43

Algún día en mayo
Rezaré
Rezaré por el día
Rezaré por el sol
Rezaré por los años venideros
Algún día en mayo
Rezaré
Rezaré por la alegría del juego
Rezaré por los rayos de la mañana
Pero sobretodo
Rezaré

Un río - 2017-04-07 22:24

El día de vuelta
la lluvia calmante
un día de juego
tanto para ganar
un río de pensamiento
no hay pérdida

Sanando Verdad - 2017-04-11 21:22

La verdad sea sanada,
mentiras reveladas.
Rompiendo ilusión,
encontrando solución.

Tiempo ahora - 2017-04-12 22:20

Tiempo comenzado
Tiempo detenido
Tiempo viajado
Tiempo pausado
Tiempo escapado
Tiempo ganado

Verdad encontrada - 2017-04-13 21:12

Verdad profunda
Verdad sea encontrada
Verdad sea dicha
Verdad contemplada

Tratando demasiado duro- 2017-04-14 22:44

No intente muy duro,
no llegará muy lejos.
Solo aprenda a soltar,
entonces fluirá.

Tiempo del espacio - 2017-04-18 21:44

Prospero cuando estoy viva
en rima esta mi tiempo
para mantener mi lugar
en tiempo y espacio

Evolucionar - 2017-04-25 20:46

Aprenda a humanizar no a demonizar.
Recuerde sentir para sanar.
Hable de amor para evolucionar.

Belleza floreciente - 2017-04-26 22:11

Ella floreció.
Ella se marchito.
Belleza intemporal nunca se hizo añicos.

Sabiduría reavivada - 2017-04-28 15:49

Deja que el aliento de mi vida diga la verdad
Deje que los pasos que tomo me lleven a casa
Deja que el silencio me llene de sabiduría
Deja que la luz me guíe en la oscuridad
Deja que estas palabras reavivan mi fuego

Gotas de lluvia - 2017-05-02 19:22

Gotas de lluvia para arco iris
Flores para fragancia
Luz del sol para atardeceres

Las sombras - 2017-05-04 17:20

Prisionero de la mente,
nadie es tan cruel.
La sombra es la locura,
voces de tristeza.

¿Qué queda? - 2017-05-19 20:27

Cuando la izquierda se convierte en la derecha,
Perdimos la pelea.
Cuando lo correcto se vuelve incorrecto,
Perdimos la pelea.
Cuando la violencia desplaza la bondad,
Perdimos la pelea.

El acertijo de la flor morada - 2017-05-10-17 17:22

Es como una flor morada que no sabe la hora.
Es como la luz de la mañana que no conoce la medianoche.
Es como el pájaro cantando que no conoce lo significado.
Es como el primer aliento que no conoce la muerte.

La lengua - 2017-5-12 22:02

Hay quienes hablan
cuyos corazones son débiles
liberar veneno de su lengua.
Hay quienes hablan
cuyo corazón es fuerte
sus palabras son como una canción.

La verdad es fuerte - 2017-05-17 16:43

¿Qué dolor viene que dura hasta el día siguiente?
¿Qué locura habla que el amor es sombrío?
¿Qué cadenas se apoderan que nadie es audaz?
"La verdad es fuerte," dice nuestra canción.
El amor no es frágil: prevalecerá.
Llegará el día en que todos saluden:
'¡Somos uno!'

El tiempo del reloj - 2017-05-23 21:59

El tiempo en el reloj no es el tiempo
El final del día no es el final
El tiempo del reloj no es del reloj
El final del día no es del día

Viaje ligero - 2017-06-02 21:46

Viva ligero
Sea audaz
Tome tiempo de nada
Ame mucho

Volando pronto Parte 1 - 2017-06-07 17:16

En el modo de supervivencia,
no sé cómo soltar.
Atrapada por tanto tiempo,
olvidado donde pertenezco
Dije que era fuerte,
no sé dónde me equivoqué
Quiero dejarlo ir,
¿pero cómo? No lo sé.
Libertad olvidada,
cadenas engendradas.
Aprendiendo a ser libre,
y cómo ser yo.
Llorando pero no muriendo
¡Pronto estaré volando!

Volando pronto Parte 2 - 2017-06-08 21:57

Estoy volando,
lista llorando.
El amor es un recuerdo,
la verdad sea dicha,
corazón no roto.

Para mis hermanos - 2017-06-14 22:31

Mis queridos hermanos,
acaricien sus lágrimas,
liberen sus miedos.
Su corazón es oro,
quítense la venda de los ojos.
Levanten su luz,
no hay necesidad de luchar.
La verdad es una escalera,
nada más importa.

Llegando - 2017-06-15 22:37

Aún en la tierra
cada día un nacimiento
Viviendo un sueño
en una corriente de luz
Finalmente llegando
ya no sobreviviendo
Desafiando la comodidad
disfrutando de la incomodidad
La paz es un viaje
de eso eres digno

El río - 2017-06-17 22:40

Al río iré,
y liberé todo lo que sé
Siempre fluyendo, otorgando confianza,
río iluminado por el sol, creciendo,
fluyendo.

Flujo de energía - 2017-06-23 21:00

Una vida que fluye es una vida que crece.
El amor que comparte muestra su cuidado.
Las palabras que se honran muestran lo que valoró.

Querida hermana: 2017-06-27 21:55

Lamento que no hubo personas que te ayudaran a ver tu naturaleza divina.
Lamento por aquellos que se hicieron de la vista gorda cuando tuviste dolor.
Lamento las veces que te has caído y olvidado quién eres.
Lamento todo el dolor que estas pasando- te veo, veo quién eres y te amo.
Que tengas el valor de enfrentarte a tus demonios, que encuentres la luz en tu vida.
Que puedas volar con el viento y rugir con el fuego, que el agua limpie tu alma y la tierra te acune más.
Que la vida sea una aventura en las profundidades de tu alma, y que nuestra amistad sea combustible para tu luz, te amaré cada vez más.

Lluvia - 2016-01-29 15:22

Si me ves afuera, tengo una sonrisa en mi rostro para que parezca que pertenezco.
Pero si miras dentro de mi corazón, encontrarás que me estoy desmoronando.
Hay un dolor dentro que me está destrozando.
Dentro de este espacio, también hay un anhelo de pertenecer.
Anhelo ver el arco iris en el otro lado.
Porque espero paz por dentro.

Luz - 2016-03-04 15:07

Luz de amor, luz de voluntad
Luz de gloria, luz de bienaventuranza
Amor de todos, amor de uno
Amor para todos, amor por uno
Libertad de verdad, libertad de deseo
Libertad para soñar, libertad para vivir
La paz es verdadera, la paz es libre
La paz es luz, la paz es amor
SOY UNO

Baile - 2016-03-14 23:24

Moviéndose velozmente, moviéndose rápidamente
Moviéndose dulcemente, moviéndose suavemente
Bailo con gracia, Bailo con fe
Bailo con amor como tu abrazo divino
A través de los días más oscuros y durante las noches más oscuras
Eres la luz de todo lo que es correcto

Honesto - 2016-03-16 21:30

Di la verdad desde el corazón,
nunca preguntes qué fue,
déjalo ir,
déjalo fluir,
la vida es una maravilla,
ahora lo sabes.

El círculo - 2016-03-17 22:50

¿Que ves?
¿De verdad soy yo?
No intentes huir,
soy yo quien ves.
Lleno tus días y lleno tus noches,
tu inquieta búsqueda es una situación difícil.
¿Que ves?
Es un reflejo de ti,
eres tú, ves
Un ciclo de vida
Tú, y yo somos Uno.

Véame - 2016-03-29 21:06

Véame caminar, véame pavonear,
véa mi belleza, véa mi gracia
¿Soy yo? ¿Eres tú?
La belleza está en todos nuestros ojos.
Inhale, respire ahora.
El amor bendice a todo.
¿Soy de él? ¿O soy de ella?
Pertenezco a todo lo que es

A un árbol - 2016-03-31 21:20

Querido árbol, que yo sea tan fuerte
como tu tronco, flexible como tus ramas,
y libre como tus hojas.

Que aprenda tu tolerancia con las aves
que anidan en tus ramas y juegan entre
tus hojas.

Querido árbol, recordemos ser fuertes
en nuestras raíces para que nuestra fruta
sea libre.

Poema de amor - 2016-04-14 20:29

El amor es una energía que utilizo para
crear
El amor es una energía que uso para
evolucionar
El amor es lo que veo
El amor es lo que soy
El amor triunfa
El amor sana
Amor es
Amor

El ciclo - 2016-05-05 19:54

Un día feliz, una vida alegre
El día más oscuro, la vida más oscura
La chispa del momento, la chispa de la vida
El momento de oscurecimiento, el oscurecimiento de la vida
El viaje próspero, la vida próspera
La escasez del viaje, la escasez de vida
El comienzo del descubrimiento, el comienzo de la vida
El final del descubrimiento, el final de la vida

Innumerables - 2016-05-28 11:11

Innumerables maneras
Innumerables pensamientos
Innumerables viajes
Innumerables oraciones
Innumerables lágrimas
Innumerables sonrisas
Innumerables millas
El viaje no es miedo, ni es la mente
El viaje es ahora
Ahora es el viaje de mil millas
Ahora es el momento de esa sonrisa
Yo soy la vida
Yo soy el amor
Yo soy el segundo
Yo soy ese momento
Ese momento es ...
Ahora

El amor es ... - 2016-05-31 19:50

El amor es un regalo que me doy
El amor es un regalo que me da la vida
El amor es un regalo que comparto
El amor es un regalo que me llena más
El amor es un regalo ... no hay nada más

Enojado - 2016-06-01 10:48

Enojado es el corazón que no puede expresar
Enojado es el corazón que está silenciado
Enojado es la palabra de aquellos en la violencia
Enojada es la madre de los muertos
Enojada es la espina de la envidia
Enojado es el sonido del odio
Enojada es y la ira hace
Enojada es el trueno de la bestia

Llena - 2016-06-03 16:56

Llena de vida, en la luz yo vivo
Llena de amor, el tesoro está dentro
Llena de dicha, no tengo nada que perder
Llena de alegría, no tengo ningún deseo
Llena de libertad, no soy esclava
Llena de valor, enfrenté a mi monstruo
Llena de todo lo que soy, soy lo que soy

La luz en mí - 2016-06-11 17:58

La felicidad en mí ve la felicidad en ti.
El amor en mí sonríe por el amor que hay en ti.
Mi amor incondicional por ti es mi amor incondicional por mí.
Mi emoción por la vida es mi emoción por tu vida.
La alegría en mí comparte la alegría en ti.
La alegría en mí se regocija en la alegría en ti.
No tengo ningún juicio, eres mi mejor amigo.
No tengo miedo, te tengo cariño.

Dentro de mí - 2016-06-28 10:19

Dentro de mí, hay un fuego que arde,
cuanto mayor es el fuego, más se quema.

Quema puentes que ya no sirven,
hábitos que necesitan ser liberados y
karma que ya no existe.

Cuanto más crece este fuego, más suave
crezco, porque este fuego sabe, que fluyo
cuando lo dejo ir.

Sigo caminando - 2016-07-16 11:21

¿A qué hora se detiene este viaje?
¿Dónde termina?
Pero, sobre todo, ¿cuándo comenzó?
¿Es como un río que corre a través del bosque?
¿O es como una película con un final fabuloso?
¿Soy el director?
¿O solo soy un personaje?
¿Soy el comienzo o soy el final?
¿Podría ser el perro persiguiendo su cola?
¿O la manzana que se cayó del árbol?
¿Dónde termina?

La locura es ... - 2016-07-21 21:56

La locura es lo que haces cuando no les dices a las personas que amas que las amas.
La locura es lo que haces cuando no abrazas a las personas que amas.
La locura es lo que haces cuando te mantienes en ese lugar cómodo porque piensas que es seguro, solo para darte cuenta de que es lo que te mantiene prisionero todo el tiempo.
La locura ocurre cuando no sonríes después de haber caído, porque lo único que puede suceder después de que te caes es que puedes volver a levantarte.
La locura ocurre cuando no enfrentas tu mayor temor.
La locura ocurre cuando sigues cometiendo el mismo error una y otra vez porque tienes miedo de lo que otras personas pensaran ... solo para ver que eres tú quien está pagando el precio.
Esta locura es sagrada porque es lo que finalmente te libera.

Lo suficientemente fuerte - 2016-07-24 20:15

Soy lo suficientemente fuerte como para respirar a través de la locura de mis pensamientos.
Lo suficientemente fuerte como para ver a través de mis pensamientos desafiantes.
Lo suficientemente fuerte para hablar, cuando preferiría callarme.
Lo suficientemente fuerte para pararme, cuando he caído.
Fuerte como el árbol.
Fuerte como el viento.
Fuerte como el torrente que corre por mis venas.
Están en mí y yo estoy en ellos.

Ella es hermosa - 2016-08-04 21:13

Ella es hermosa, camina con sus pies desnudos.
Ella es hermosa, trato de no fijar la mirada.
Ella es hermosa, vive la vida libremente.
Ella es hermosa, ama un buen desafío.
Ella es hermosa, cultiva belleza por todos lados.
Ella es hermosa, su espíritu sin impar.

De todas las cosas - 2016-08-16 13:48

De todas las cosas que sacrificas, no dejes que sea tu corazón. Tu corazón es donde te hablo; tu corazón es donde juego.

De todas las cosas que desperdicias, no dejes que sea tu tiempo. Tu tiempo es todo lo que te doy, no lo malgastes.

De todas las cosas que buscas de mí, no dejes que sea más tierra. La tierra es tu esencia, experimenta toda su presencia.

Mis cadenas - 2016-08-17 22:45

Reconozco las cadenas, me mantienen apretada, sofocando la vida en mí. Me entra el pánico y respiro, recuerdo lo que era ser libre. Sé que tengo una opción, no hacer ningún cambio y nunca seré libre, tomaré un respiro y romperé el vínculo para liberarme, respiro, respiro la dulce libertad, la libertad de ser libre, la libertad de ser yo.

Estoy lista - 2016-08-25 12:43

Lista para trascender, la vida no termina.
Lista para seguir adelante, sin aferrarme.
Lista para volar, sin necesidad de llorar.
Lista para rendirme, sin necesidad de recordar.
Lista para el silencio, es mi guía.
Lista para mi vida, sin necesidad de luchar.

Bendiciones - 2016-08-26 20:28

Bendiciones al hombre sin refugio en la calle, me recuerda que debo estar agradecida.
Bendiciones a la oscuridad, me recuerda a la luz.
Bendiciones a los ancianos, me recuerdan que el tiempo es prestado.
Bendiciones a la enfermedad, me recuerda de mi poder de sanar.
Bendiciones a los besos, me recuerdan la dulzura.
Bendiciones para la niña, ella me recuerda de jugar.

Hojas de otoño - 2016-09-02 21:57

Hojas de otoño encentren mis ojos, coloreen mis sueños, eleven mi vida.
Hojas de otoño destinadas a caer, destinadas a respirar.
Hojas de otoño colorean mi corazón, son arte divino.
Hojas de otoño pintan las colimas y llenan el viento.
El otoño se va y el invierno viene.

Ser - 2016-10-11 19:48

La armonía, el ritmo, todo está dentro.
La verdad, la sabiduría, todo es divino.
Las respiraciones que tomo, los errores que cometo, todo está alineado.
Los días, los años, los minutos también.
Nuestro corazón es muy simple, pero los, pensamientos abruman.
¿Por qué buscamos si solo precisa ser?

Silencio - 2016-10-14 20:34

En esta locura, en esta tristeza, me siento deprimida.
En este santo lío, durante estos días festivos, aún ni idea tengo.
Sedienta, hambrienta, no me siento enojada.
Vagando, reflexionando, aún agotada.
En todo y en nada, simplemente parada aquí quieta.
Escuchando, soñando, creyendo, es el silencio que llena.
Si bien, el mismo silencio que llena, no es el mismo silencio que mata.

Volteado - 2016-10-18 22:13

Los hambrientos no son pobres
Los ricos, no satisfechos
La oscuridad, no triste
El inteligente, no sabio
El minusválido, no deshabilitado
El capacitado, no atenuado

Comida - 2016-10-20 16:50

Alimenta tu alma, no tu ego.
Alimenta tu vida, no tu muerte.
Alimenta tu sabiduría, no tu ignorancia.
Alimenta a los ángeles, no a los demonios.
Alimenta la verdad, no las mentiras.
Alimenta la luz, no la oscuridad.

Destellos - 2016-10-21 11:59

Yo soy lo maravilloso de mi vida.
Yo soy la luz del sol, la salida del sol.
Yo soy los colores vibrantes del cielo.
Yo soy los destellos y el brillo.
Yo soy la belleza de mi ojo.
Yo soy divina.

Pensamiento perdido - 2016-10-26 22:23

Estoy sosteniendo un pensamiento
Manteniendo el patrón
Prosperando mucho
Nada que reflexionar
Viviendo mucho
Maravillas que importan
Historias quedaron atrapadas
No, no estoy perdida
Espera, ¿dónde está ese pensamiento?

Llamas - 2016-10-27 21:44

> Llama de corazón
> ¿Eres arte?
> Llama de vida
> ¿Eres tú mía?
> Llama de la pasión
> ¿Eres tú acción?
> Llama de la noche
> ¿Eres brillante?

El presente - 2016-11-01 15:47

Presencia el presente
El presente es presencia
El presente está pre-enviado
Presencia el presente

Es con mi corazón - 2016-11-08 21:54

No es con mis oídos, oyes.
No es con mis ojos, ya ves.
No es con mis manos, tu sientes.
No, no es con mi lengua o mi nariz.
Es con mi corazón.

Enfoque - 2016-11-10 21:02

Enfócate en la luz, estarás bien.
Enfócate en tu aliento, está lejos de la muerte.
Enfócate en lo que es correcto, tendrás una buena noche.
Enfócate en tus sueños, son rayos de luz.
Enfócate en la flor, solo ha pasado una hora.

Juntos - 2016-11-12 20:05

Cansada de la discriminación, esa cosa llamada separación.
Es hora de la unidad, la pureza del corazón.
No más segregación- sigamos unidos por la nación.
No más colores- solo amantes.
Levantémonos unos a otros, no hay necesidad de odiarnos.
Cambio es un nombre feo, vamos a llamarlo progreso.

Anticuada - 2016-11-13 19:32

Soy una chica anticuada
Prefiero paseos en el parque
La fría y dura verdad sobre una mentira reconfortante
Un libro cubierto duro
Un hombre de palabra, sobre un fiado vacío
El cielo cubierto de estrellas
Abundantes comidas caseras, a cenas congeladas
Solo soy una chica anticuada

Tu llave mágica - 2016-11-15 21:06

No te subestimes, honra tu corazón, coloca la barra y observa cómo se desenreda la magia.
Sé gentil como el pincel del pintor: tú también eres arte.
Di tu verdad; nadie más puede hacerlo por ti.
No olvides quién eres, las batallas que has superado, lo lejos que has caminado.
Y, por supuesto, recuerda, tienes la llave para liberarte.

Inmóvil - 2016-11-25 20:28

Tranquilos tus ríos
nunca cesan
siempre fluyendo
siempre creciendo.
Silencio inmóvil
nunca mal.
Trolls de tesoro
todos arco iris.
Siempre crecer
nunca saber.

El lado oscuro - 2016-12-01 20:33

Es lo mejor,
estar en una búsqueda,
de amor propio y cuidado.
Vamos a atrevernos
solo para ser justo,
para conocer nuestro lado oscuro
también
Por lo que veo en ti,
es lo que también llevo yo.

La temporada - 2016-12-06 20:56

Lo que pasa con la temporada no es la temporada,
es la sensación en el aire.
Una fecha del calendario en el año,
una línea de tiempo lineal para algunos,
un momento eterno para los demás.
Lo que pasa con la temporada no es la temporada,
es una elección de alegría,
una memoria preciada,
un patrón de pensamientos.
Lo que pasa con la temporada, es que no es la temporada en absoluto.

El templo - 2016-12-07 22:02

El templo de mi corazón es donde
pertenezco.
Los días son largos pero mi corazón
nunca estuvo mal.
El templo de mi corazón es donde
pertenezco,
escucho los susurros de su canción.
El templo de mi corazón es donde
pertenezco,
su silencio me invita a seguirle el juego.
El templo de mi corazón es donde
pertenezco.

Árbol de la alegría - 12-12-2016 21:12

En sus pensamientos hay patrones de
prosa que nadie sabe,
y a través de las arboledas se siente
libre,
su risa es una alegría
ella sabe que no hay nada que ver,
todo lo que tienes que hacer es ser,
como el árbol, ya ves!

Vivir o temer - 2016-12-15 21:53

Miedo a sentir es miedo a vivir
Miedo al duelo es miedo a vivir
Miedo a creer es miedo a vivir
Miedo no es vivir
El amor es vivir

Vivo - 2016-12-25 22:43

Enfóquese en lo que está vivo,
desde allí prosperará.
Si se fija en lo que se ha hido,
eso será un robo.
El robo del presente es enfocarse en lo que ha pasado.
¿Quiere crecer? Aprenda a dejar ir.

Estoy aquí - 2016-12-27 21:43

Me ves en una hoja
Me respiras en el aire
Me saboreas en chocolate
Me abrigas en tu corazón
Me encuentras en el arte
Sin embargo, preguntas, ¿dónde estás?
Escucha ahora, estoy dónde estás.

Aleteando a través - 2016-12-29 21:51

Como un pensamiento, aleteas
Y en mis ojos solo te veo
Confía en la verdad
Todo está en ti

Floreciendo - 2015-07-28 19:35

Admiro su belleza, su vida, la alegría que ella trae a mi vida. Luego me pregunto cómo sería el mundo si todas las flores decidieran que no querían crecer, que no les gustaba el cambio y que el mundo era demasiado corrupto para que aparecieran. Nos quedaríamos sin conocer la extensión de la belleza de Dios a través de una flor; nunca conoceríamos su dulce fragancia ni sus colores vibrantes, todo porque decidió que no quería cambiar porque era demasiado aterrador.

Veo a los humanos como flores, llenos de potencial ilimitado si tan solo permitieran que el cambio los transformara, si tan solo siguieran la luz y dejaran ir lo que fue. Independiente de ayer y estar completamente presente en el AHORA. Agraciadamente envejeciendo y devolviendo lo que les fue dado por lo divino, sin detenerse, y expresando completamente la belleza de Dios, y simplemente siendo.

La naturaleza es una gran maestra, medicina para el alma y un patio de juegos para el niño de corazón.

Testigo silencioso - 2015-11-03 20:41

Siempre estoy presente
Siempre estoy cerca
Siempre estoy aquí
No temas
Limpia tus lágrimas
El amor está cerca
Estoy aquí
Estoy aquí, no temas

Magia - 2015-12-07 19:39

La magia es lo que encontré en mi corazón, la magia es mi fuente, la magia del día, la magia de la noche. Que algunos lo vean y otros lo nieguen, es de su propia preocupación, porque la magia vive, y la magia está, en cada partícula del ser. Pero, ¿qué es ser? Ser es dicha, ser es libertad, ser es la libertad de la verdad, la luz de la oscuridad y la oscuridad de la luz. ¿Qué es magia? ¡YO SOY!

¿Que ves? - 2015-12-08 21:43

Te veo y me veo
Lo que está dentro de mí también está dentro de ti
El aliento en ti es también el aliento en mí
La vida en mí es también la vida en ti
Eso que te ha creado también me ha creado
Somos uno, eso es divinidad

Dormir - 2015-12-09 12:00

Un momento donde el alma se pone a jugar
Libertad del día
Un botón de reinicio es lo que dicen
Fuera de nuestra zona de confort
Una fantasía
Realidad oscurecida
El patio de juegos de un soñador
Sin reglas, solo juega
Un dulce escape de la locura del día
Dulce canción de cuna digo
Buenas noches por hoy

Segundos - 2015-12-10 18:39
¿Qué es un segundo?
Está en el ojo del espectador que digo.
Para un niño en juego, es un día completo.
Para el desafortunado hombre es un día interminable.
¿Qué es un segundo?
Un mero momento del trabajo de la eternidad en juego.
Es la planta de semillero que aparece en mayo.
El último rayo de la luz del sol.
¿Qué es un segundo?
El pelo de la cabeza de un anciano volviendose gris.
La mujer llorando de gran consternación.
Y el momento en que ella comienza a orar.
¿Qué es un segundo?
Tú eres el segundo.
Tú eres el segundo, el primero y el tercero.
Eres lo que buscabas ahora, antes y después.
El segundo eres tú

¿Qué es libertad? - 2015-12-12 19:29

La libertad es alegría, un beso suave, un susurro en el oído, el llanto de un niño recién nacido.

La libertad vive en los corazones de aquellos que viven sin miedo en un mundo donde la verdad es evitada.

La libertad es elección, un gran bailarín, la pluma en el aire, ni aquí ni allá.

La libertad comienza en el corazón de aquellos que ven lo que los ojos no pueden hablar.

La libertad es amor, bondad, un tiempo que no existe, algo en la lista de alguien.

La libertad evoluciona de la nada desde donde nace y poco a poco comienza a transformarse.

La libertad es el aliento, el vestido de lunares, el hombre con rastas y la muerte de un anciano.

Frío - 2015-12-25 17:50

Ella se siente un poco fría,
Usted ve, ella superó la tormenta, los días largos y las noches oscuras
Esperó ver las luces, para poder sentirse bien
Aguantó con todas sus fuerzas y esperó la luz del día
Ahora la lucha ha terminado, es hora de calentarse
La quietud la ha ganado como un dulce amante silencioso
"Muévete," dice, YO SOY la amante

Durmiente - 2014-10-01 18:52

Inútil es el lenguaje que no puede definir lo divino, inútil son las palabras que confinan, inútiles los días en que no puedo encontrarte, inútiles los recuerdos que no me recuerdan a ti, inútiles sin ti, lloro, y lloro hasta encontrarte.

Elixir divino - 2014-12-05 10:48

Elixir de mi corazón, no puedo verte.
Elixir de mis pensamientos, no te entiendo.
Elixir de mi alma, no puedo tocarte.
Elixir de mi pena, no sé de tu mañana.
Elixir, mi divino elixir, me intoxicas con tu amor eterno; sana mis heridas, para no saber de penas ni de mañana.
No hay nada que entender, ni nada que ver, porque todo lo que busco, ya está en mí.

Ciega - 2014-12-08 20:46

Deseo alejar esta ceguera para poder ver lo que es real, para poder sentir lo que me rodea, para poder percibir lo que temo, solo para descubrir que no es real.
Vengo y voy por el bosque de esta ceguera, solo para encontrar amabilidad que es real.
¿Qué es el miedo? No es real. Solo lo que está aquí es real.
A través de los días y las noches veo la luz de lo real.
La ceguera desapareció, no siento miedo, solo veo lo que es real.

Sobre la Autora

María Velazco se graduó de CSULB con una licenciatura en periodismo. Está certificada como masajista y profesora de yoga. Una estudiante de la vida, ha estudiado diversas disciplinas como el budismo, el chamanismo y el hinduismo, entre otras. Al mantener una mente abierta, la boca cerrada y los oídos abiertos, ha podido aprender del mundo que la rodea, este es su primer libro publicado.

Siga a María en las redes sociales:
https://cantodelamor.wordpress.com/

www.ingramcontent.com/pod-product-compliance
Lightning Source LLC
Chambersburg PA
CBHW071634040426
42452CB00009B/1627